LETTRE
A MESSIEVRS
DE PORT-ROYAL.

CONTRE

CELLE QV'ILS ONT ESCRITE à Monseigneur l'Archevesque d'Ambrun, pour justifier la *Lettre sur la constance & le courage qu'on doit avoir pour la verité.*

A PARIS,

Chez Sebastien Mabre-Cramoisy, Imprimeur du Roy, ruë S. Iacques, aux Cicognes.

M. DC. LXVIII.

AVEC PERMISSION.

LETTRE
A MESSIEVRS
DE PORT-ROYAL.

Contre celle qu'ils ont escrite à Monseigneur l'Archevesque d'Ambrun, pour justifier la Lettre sur la constance & le courage qu'on doit avoir pour la verité.

MESSIEVRS,

Ie vous plains d'estre si mal en Secretaire. La lettre que vous venez d'escrire à M. l'Archevesque d'Ambrun, ne vous fait point d'honneur dans le monde: c'est bien pis, que celles que vous avez escrites à M. Chamillard & à M. des Marests. Vn de mes amis m'a voulu persuader, que cette nouvelle lettre estoit de la façon d'vn pauvre Prestre Hibernois, qui s'est fait Ianseniste pour avoir de quoy subsister; & qui a fort estudié les remarques de Vaugelas, depuis qu'il a pris vostre party. Ie suis seur du moins, que celuy qui l'a composée, est vn fort pauvre homme. Où en estes vous reduits, Messieurs, de ne répondre, qu'à vn seul article de *la lettre à vn Seigneur de la Cour;* & d'y respondre miserablement, vous qui

A ij

vous piqués de respondre à tout , & d'estre les plus habiles gens du monde? Croyez moy, vous feriez bien de desavoüer vn escrivain comme celuy-là qui vous descrie, en voulant vous defendre : mais vous ne feriez peut-estre pas mal aussi de desavoüer l'ouvrage, qu'il a entrepris de justifier pour l'amour de vous. Vous en avez bien desavoüé d'autres, pour vous tirer d'un mauvais pas : aussi bien vous ne trouverez pas vostre compte à vous declarer en ce temps cy les autheurs d'vn libelle si injurieux aux puissances Ecclesiastiques & Seculieres ; & si contraire à l'obeissance qu'on leur doit. Car enfin, Messieurs, *l'Apologiste* de M. l'Archevesque d'Ambrun n'est point *vn Calomniateur insigne dans sa calomnie, & destitué de toute prudence & de toute preuoyance*, comme pretend vostre nouueau Secretaire : il n'a rien dit qui ne soit vray ; il n'a rien auancé legerement. I'ay leu avec attention vostre *lettre sur la constance & le courage qu'on doit avoir pour la verité*, & j'y ay trouvé tout ce qu'il vous reproche dans la sienne.

Lettre à M. l'Archevesque d'Ambrun. pag. 4.

Il ne faut que voir pourquoy vous avez composé ce libelle, & en quel temps vous l'avez fait paroistre, pour iuger si l'autheur de la *lettre à vn Seigneur de la Cour*, a eu tort de dire qu'il *ne s'est peut-estre jamais rien escrit de plus insolent ny de plus impie*. Vous composastes ce libelle, Messieurs, pour exciter tout le monde à ne point obeïr au Pape, aux Evesques & au Roy ; & vous le publiastes, si vous vous en souvenez bien, dans le temps que les puissances spirituelles & temporelles jointes ensemble, obligerent tous les Eccle-

fiaſtiques à ſouſcrire aux Conſtitutions du S. Siege.
Cet eſcrit fut à proprement parler la trompette de la
rebellion. Vous avez imité en cela les Pelagiens, qui
apres que l'Egliſe eut condamné leurs opinions heretiques, firent vn traité exprés *de la Conſtance*, pour s'a-
nimer à les ſouſtenir genereuſement contre les De-
ciſions des Papes, & les Edits des Empereurs.

Iuliani Liber de bono conſtantiæ.

Pour rendre voſtre exhortation plus forte & plus
touchante, vous declarés dés le commencement de
ce libelle ſeditieux, que la doctrine contraire à la vô-
tre, eſt vne doctrine damnable, que c'eſt renonçer
à Ieſus-Chriſt que de s'eſloigner de vos ſentimens,
que la diſpoſition où ſont les Eccleſiaſtiques ſoumis,
eſt vne tentation effroyable, & que la conduite des
puiſſances dans l'affaire de la ſignature, eſt vne perſecution auſſi dangereuſe que celle des tyrans. Que
peut-on s'imaginer *de plus inſolent & de plus impie?*
Voila neanmoins ce que vous dites, Meſſieurs, &
voicy vos propres termes, afin que vous ne m'alliez
pas accuſer d'impoſture. *Si noſtre Seigneur n'a pitié de*
nous, la tentation ſi eſtrange & ſi incroyable qui s'eſt dé-
bordée comme vn torrent, & qui inonde quaſi toute la face
de l'Egliſe, ne renuerſera & n'entraiſnera pas ſeulement des
roſeaux & des buiſſons, mais encore des pins & des cedres.

Lettre ſur la conſtance & le courage qu'on doit a-voir pour la verité.
Pag. 1.

Le demon perſecute l'Egliſe tantoſt en lyon rugiſſant, &
& tantoſt en ſerpent artificieux. Il la perſecute en lyon,
lors qu'il exerce ſes cruautés & ſa rage par l'effuſion du
ſang: & il la perſecute en ſerpent, lors qu'au lieu de vou-
loir forcer ouvertement à renoncer à Ieſus-Chriſt, il veut
perſuader adroitement, & enſeigner cette abominable re-

Pag. 3.

nonciation, en s'efforçant de la faire paſſer pour vne veritable confeſſion de Ieſus-Chriſt; en voulant faire vne doctrine plauſible, d'vne doctrine damnable. Mais ſoit qu'il
trauaille à perſuader adroitement de renoncer à Ieſus-Chriſt,
où qu'il force à cette renonciation declarément par ſes cruautés, il eſt toûjours egalement odieux; & il n'eſt pas moins
dangereux, & moins envenimé, quand il prend la forme
d'vn Docteur, & qu'il ſe couvre des pretextes de la religion, que lors qu'il agiſſoit en tyran & qu'il ſe monſtroit
auec toute la fureur dont il eſt capable. C'eſt à dire que
ſelon vos principes Innocent X. & Alexandre VII.
eſtoient des diables deguiſés, quand ils lancerent les
foudres de l'Egliſe contre le livre de Ianſenius ; &
que les Aſſemblées du Clergé, du Conſeil & de la Sor-
bonne, où il fut arreſté qu'on ſigneroit le Formulaire
du Pape Alexandre, n'eſtoient que des Sabats de de-
mons, qui avoient pris la forme d'Eveſques, de Mi-
niſtres d'Eſtat & de Docteurs. Ie vous demande par-
don, Meſſieurs d'avoir interrompu le cours de vos paroles par cette petite reflexion.

Mais les vrays ſerviteurs de Dieu, qui ſe tiennent attachez à ſa protection, & qui combattent par la force qu'il
leur communique, & avec les armes qu'il leur met entre
les mains, ſont toûjours en eſtat de ſe deffendre de cet ennemy; de luy reſiſter avec vn glorieux ſuccés, quelques ſtra-
tagemes qu'il mette en vſage, ou quelques cruautés
qu'il exerce contre eux, par quelque forme qu'il ſe
deguiſe où qu'il veüille les eſpouventer ſelon cette promeſ-
ſe que Dieu leur a faite dans ſa parole. Vous marcherez
ſur l'aſpic & ſur le baſilic, & vous foulerés aux pieds

le lyon & le dragon. Ie vous entends, Messieurs, cet *Aspic*, & ce *Basilic* sur lesquels vous devez marcher; ce *Lyon* & ce *Dragon* que vous devez fouler aux pieds, c'est le Pape, c'est le Roy, c'est M. l'Archevesque de Paris, ce sont toutes les puissances qui veulent vous obliger à vous soumettre. Voila *les ennemis* dont vous devez vous *deffendre* ; que vous avez à *combattre*, & à qui vous devez *resister par la force que le Seigneur vous communique, & avec les armes qu'il vous met entre les mains.* A vous dire le vray, j'ay bien peur, que la force qui vous anime, ne vienne d'vn autre esprit que de celuy de Dieu, & que les armes avec lesquelles vous pretendez combattre vos ennemis, ne soient differentes de celles que S. Paul met entre les mains des Chrestiens. Les Soldats de Iesus-Christ ne regardent pas le Vicaire de Iesus-Christ comme le Ministre de Sathan, comme l'Antechrist, comme le demon: Ils ne traitent pas les Evesques attachez au S. Siege, d'impies, d'heretiques & d'infidelles : Ils ne parlent pas d'vn Prince Chrestien comme d'vn fleau de Dieu, comme d'un tyran qui persecute l'Eglise. C'est ce que vous faites, Messieurs, dans vostre *Lettre sur la constance.* Les passages que vous y cités, prouvent cela, ou ne prouvent rien : je vous en fais Iuges vous mesmes.

Pouvez vous raisonnablement, exhorter les fidelles à la defense de vostre doctrine avec les mesmes paroles dont se servoient les Peres, pour encourager les Evesques & les Martyrs à defendre la foy, dans le temps des persecutions & des Heresies, sans faire entendre à toute la terre le sentiment où vous estes, que le Iansenisme est la cause de Dieu & la verité de l'Evangile: que ceux qui le soustiennent malgré toutes les peines qu'on leur fait, sont de veritables Chrestiens & des Martyrs de Iesus-Christ: que les puissances qui le combattent sont des persecuteurs, des infidelles, & des Antechrists. Or qui sont ces puissances opposées au Iansenisme? ne sont-ce pas les Papes, les Prelats, & le Roy? C'est donc sur ces puissances establies de Dieu, que tombe tout ce que disent les Peres dont vous cités les passages & tout ce que vous dites vous-mesmes sur ces passages. Comme vous avez peut-estre oublié leurs paroles & les vostres, je suis bien-aise de vous les marquer, pour vous les remettre en la memoire. Ie commence par les passages: vostre Secretaire n'a pas cité les plus beaux.

Lettre sur la constance &c. pag. 6.

Voicy comme vous faites parler S. Cyprien dans la lettre qu'il escrit au Pape Corneille. *Si nous sommes reduits à craindre l'audace des plus méchans, & s'ils accomplissent par leur temerité & leur desespoir, ce qu'ils ne sçauroient jamais faire par la justice & par l'equité, la vigueur de l'Episcopat est aneantie, & la puissance sublime & divine que nous avons de gouverner l'Eglise est ruinée; & nous ne pouvons plus demeurer Chrestiens, si nous sommes arrivés à vne telle lascheté que de craindre les menaces & les embusches de ceux qui s'abandonnent à leurs passions. Les infidelles, les Iuifs & les Heretiques nous menacent; & tous ceux dont Sathan obsede l'esprit & le cœur, tesmoignent tous les iours leur rage envenimée par leurs*

paroles

paroles furieuses : il ne faut pas pour cela ceder à cause qu'on nous menace.

Ceux qui nous menacent doivent sçavoir que les Prestres de Iesus-Christ ne les craignent point. Car lors que l'Antechrist commencera de paroistre, il ne sera pas admis dans l'Eglise, quoy qu'il fasse des menaces : & on ne cedera point à ses armes & à sa violence, quoy qu'il declare qu'il fera mourir ceux qui luy resisteront. Ils nous mettent les armes à la main, lors qu'ils pensent nous épouventer par leurs menaces, & durant que nous sommes dans la paix, ils ne gagnent aucun avantage sur nous, mais plustost ils nous élevent & nous enflamment le courage, en rendant la paix où est maintenant l'Eglise, plus dommageable aux fidelles que n'estoit la persecution. Veritablement nous souhaitons qu'ils n'accomplissent point les crimes qu'ils se proposent de faire dans la fureur qui les emporte. Nous demandons instamment à Dieu (quoy qu'ils ne cessent point de l'irriter) qu'il luy plaise d'adoucir leurs cœurs & de les faire revenir à leur bon sens, en leur faisant quitter leur fureur. Nous demandons instamment à Dieu, que leurs cœurs aveuglez par les tenebres des vices, reconnoissent la lumiere de la penitence, & qu'ils les mettent en estat de demander plustost le secours des prieres de ceux qu'ils persecutent, que de vouloir répandre leur sang. Que s'ils persistent dans leur fureur, & s'ils ont la cruauté de continuer à nous dresser des embusches, & à nous faire des menaces parricides, ils doivent estre assurés qu'il n'y a point de Prestre de Dieu si foible, si bas, si lasche, si impuissant par l'imbecillité commune de la nature, qui ne s'éleve par le secours de la grace contre les ennemis de Dieu,

B

& contre les adversaires de sa verité. Puisque c'est le Seigneur qui nous doit couronner apres nostre mort, il ne nous importe par qui, ny en quel temps nous perdions la vie, ce n'est pas nous qui sommes à plaindre, mais il faut plustost deplorer la perte de ceux que Satan aveugle de telle sorte, que sans penser aux supplices eternels ils s'efforcent autant qu'il leur est possible, d'imiter la conduite que doit tenir l'Antechrist. Qui sont ces meschans, ces heretiques, ces Iuifs, ces infidelles, qui vous menacent & qui vous persecutent? Qui sont ces ennemis de Dieu & ces adversaires de la verité, qui vous mettent les armes à la main, lors qu'ils pensent vous effrayer? Qui sont ces hommes aveuglés par les tenebres de leurs vices, qui s'abandonnent à leurs passions, que la fureur emporte, que Satan obsede, & qui imitent la conduite que doit tenir vn iour l'Antechrist? Ce sont vos Superieurs, c'est le Pape, c'est le Roy, c'est Monsieur l'Archevesque de Paris, on ne sçauroit trop vous le dire. Mais qui sont ces Prestres de Dieu qui resistent avec tant de courage à leurs persecuteurs? Qui sont ces hommes magnanimes qui s'élevent contre les ennemis de Dieu & contre les adversaires de la verité? Ce sont les Ecclesiastiques de Port-Royal, c'est d'eux, c'est de vous dont vous

Pag. 21. entendés parler dans ce passage de S. Cyprien. *Ne vous ébranlez point, & ne vous estonnez point, si dans quelques vns la foy languit & penche vers sa ruine ; la pieté est chancellante & tend à l'irreligion, & l'esprit de concorde & de paix est esteint. L'Escriture predit que ces maux doivent arriver à la fin des siecles: & nous sommes avertis par le tesmoignage mesme de nostre Seigneur & de ses Apostres, que vers la fin du monde, & quand le regne de l'Antechrist approchera, la vertu & la justice seront en leur declin, & que l'injustice & la meschanceté feront leur progrez. Neanmoins quoy que nous soyons dans ces derniers temps, la vigueur evangelique n'est point tellement décheuë dans l'Eglise de Dieu, qu'il ne reste un nombre de Prestres qui ne succombent nullement par la ruine & la desolation que nous voyons, & pendant qu'il se fait tant de naufrages dans la foy; mais qui se conservent dans leur force & leur fermeté, & qui maintiennent avec une vigilance pleine de la crainte de Dieu, l'honneur que l'on doit à sa divine Majesté & la dignité du Sacerdoce. Nous nous souvenons & nous avons devant les yeux que Mathathias vengea fortement la Loy de Dieu, quoy que les autres de sa nation succombassent & cedassent à la violence: qu'Elie demeura ferme & combattit hautement pendant que les Iuifs manquoient à la fidelité qu'ils devoient à Dieu & abandonnoient la religion: que Daniel rendit plusieurs fois & genereusement de glorieux témoignages à la verité, sans se mettre en peine de ce qu'il estoit exposé à une continuelle persecution: que les trois ieunes hommes, sans estre abbatus ny par la foiblesse de leur âge ny par les menaces, demeurerent fidelles au milieu des flammes de Babylone, & surmonterent dans leur captivité un Roy qui estoit victorieux.* Si l'on vous en croit, Messieurs, vous estes des Mathathias pour venger la loy de Dieu: des Elies pour soustenir les interests du Ciel: des Daniels pour defendre la verité opprimée: des enfans de la fournaise pour triompher *d'un Monarque victorieux*. N'est-ce pas là abuser de l'authorité des Peres. On vous a reproché il y a long temps, que vous faites entrer les Peres par tout, que vous les faites servir à tous vos desseins. Quand vous avez voulu railler & faire les plaisans, vous avez iustifié vos bouffonneries par l'exemple & par les paroles des Peres: Quand vous vous estes emportés en des injures atroces contre vos ennemis, vous ne l'avez fait que pour imiter les Peres qui en ont vsé ainsi selon vous. Mais vous n'avez jamais plus abusé de leurs pensées, que dans la *lettre sur la constance*. Il n'y a rien de plus sainct ny de plus evangelique, que les passages de S. Cyprien pris en eux mesmes ; mais il n'y a rien de plus impie ny de plus sacrilege, que l'application que vous en faites. Ce que les Peres on dit des Martyrs & des Saints, qui ont esté comme Iesus-Christ obeïssans iusques à la mort, vous l'appliquez à des Schismatiques & à des Heretiques, qui se revoltent contre toutes les ordonnances de leurs Superieurs. Ce qu'ils ont dit des ennemis de Dieu, & des tyrans qui ont fait la guerre aux premiers fideles, vous l'attribuez à des puissances Chrétiennes & legitimes qui souftiennent les interests de l'Eglise.

Mais ce que vous dites vous mesmes, Messieurs, n'est pas moins fort que ce que vous faites dire aux Peres. Voicy comme vous parlez dans les reflexions que vous faites sur leurs passages.

Pag. 6. *Ne nous laissons pas tomber dans le precipice, quoy que cet ennemy se serve de nos amis, de nos Peres, de nos freres, de nos Superieurs, de toutes les puissances de la terre, de tous les pretextes que sa malice & nostre cupidité luy peuvent fournir, de tout ce qu'il y a de plus specieux, de tout ce qu'il y a de plus formidable dans le monde pour nous y pousser.* Ce precipice que vous ne pouvez éviter qu'en resistant à toutes les puissances de la terre, c'est la soubscription des Constitutions Apostoliques, par laquelle on pretend que vous condamniés de bonne foy vne heresie que toute l'Eglise condamne.

Nous voyons dans ces excellentes paroles de S. Cyprien, la regle & le modele de la constance & de la fermeté que nous sommes obligez d'avoir, à l'égard des traitemens les plus injustes, les plus outrageux, & les plus cruels que nous pourrions souffrir. Ce sont selon vous des injusti-ces, des violences & des cruautez, que les traitemens dont vsent vos Superieurs, pour vous reduire sous l'o-beïssance de l'Eglise. Pag. 7.

Vn seul homme, vn seul Prestre, vn seul Evesque qui seroit dans ce dégagement, & dans cette independance des choses presentes, où nostre condition & les maximes de l'E-vangile nous obligent d'entrer & de demeurer, seroit plus fort & plus puissant que toute vne multitude, que tout vn Royaume. Il feroit craindre ceux qui font trembler les autres. Il regneroit fur ceux qui regnent. Il feroit devant les Roys de la terre ce qu'ont esté les Prophetes devant ces Roys infidelles & meschans, qui estoient les fleaux de Dieu. Vous voyez comme les Princes qui ne favorisent pas vos erreurs, font parmy vous des infidelles & de vrays fleaux de Dieu. Pag. 11.

Voila comme vn seul Evesque, quand il a la sainteté, le le courage, le desinteressement, l'intrepidité, qui appartien- Pag. 26.

B iij

tiennent à son caractere peut domter la fureur des grands
& des Roys, & peut faire ceder à son authorité & à sa
vertu, vne colere qui donne de la terreur aux autres hommes, & vne puissance à laquelle toutes les autres ont ac-
coustumé d'estre soumises.

La Sainteté, la vertu, le courage, le desinteressement consistent selon vous dans le mépris des
puissances souveraines.

Pag. 8. *Voila le Sentiment que nous devons imiter à l'esgard
de ceux qui combattent la doctrine de l'Eglise.* C'est à.
dire à l'esgard de ceux qui combattent la doctrine
de Iansenius, que l'Eglise a declarée heretique.

Pag. 9. *Ceux qui la defendent, cette verité immuable & divine, ne combattent & ne triomphent que par la force
qu'elle mesme leur donne, & par les armes qu'elle leur met
entre les mains. De sorte qu'ils se peuvent dire les vns aux
autres en quelque petit nombre qu'ils se trouvent, ce que
disoit Ionathas à son Escuyer, quand il eut la hardiesse
d'entrer seul avec luy dans le camp des incirconcis. Il n'est
point difficile au Seigneur de nous sauver par le petit nombre aussi bien que par le plus grand. Ils se doivent animer
les vns les autres par ces paroles que Iesus-Christ disoit à
ses Apostres. Ne craignez point quoy que vous soyez en
fort petit nombre.*

Vous voila, Messieurs, declarés par vous mesme,
le petit trouppeau; c'est vn titre que Messieurs de Cha-
renton pourroient vous disputer, si vous n'estiez assez de leurs amis pour ioüir de leurs titres & de leurs
priuileges. Ils ne vous feront point d'affaire là-dessus
apparemment, tandis que vous defendrez auec cha-

leur la Doctrine de Calvin, & que vous refisterez au Pape de toute voftre force, comme vous avez fait iufques à cette heure.

Au refte, Meffieurs, pour de bons Ecclefiaftiques, je vous trouve l'ame eftrangement guerriere; toutes vos penfées, toutes vos expreffions fentent la guerre, vous ne parlez que des armes qu'on vous met entre les mains, que des ennemis que vous auez à combattre. Vous excités vos freres à dompter la fureur des Roys infidelles, à entrer comme Ionathas dans le camp des incirconcis, & à faire vne fainte vnion contre vos perfecuteurs. Dites la verité, n'entre-t'il point de la cabale & de la revolte en tout cela? N'eft-ce pas porter directement à la defobeïffance & à la rebellion, que de parler comme vous faites?

Ie fçais bien que vous dites que la refiftance dont vous parlez, doit eftre accompagnée d'humilité, de patience & de douceur. Vous citez des paffages pour cela, & vous exhortés mefme les fidcles à mourir, pour ceque vous appellés la Foy & la verité. Mais ces maximes, ces paffages, & ces exhortations ne m'ébloüiffent pas; je fçais vn peu quel eft l'efprit & le langage des Herefiarques. Ils cachent leurs mauuais deffeins fous de belles apparences, ils ne fe decouurent jamais tout à fait, leurs efcrits ont toûjours deux faces, comme ces images qui reprefentent d'vn cofté vn Saint, & de l'autre vn demon. Les plus pures maximes de l'Evangile y font quelquesfois meflées auec les erreurs les plus impies, ils font mefme pleins le plus fouvent de contradictions manifeftes. Le Pape Celeſtin premier dit dans ſa lettre à Neſtorius, qu'il l'a reconnu pour vn heretique, en voyant dans ſes livres la verité enveloppée de paroles obſcures & artificieuſes. Pelage a fait des eſcrits, où il a renfermé toutes les regles de la perfection Chreſtienne, il en a fait meſme où il ſemble eſtablir la grace qu'il avoit entrepris de détruire. On diroit que Calvin combat pour *la realité,* dans ſa Reſponſe au Cardinal Sadolet. Il ne parle que de la veritable communication de la chair & du ſang qu'on preſente aux Fideles dans la Cene. Il declare que la chair du Fils de Dieu eſt veritablemen vne nourriture, & que ſon ſang eſt veritablement vn breuvage. Que l'ame fidelle ne ſe contente pas de la reception imaginaire de cette chair & de ce ſang, mais qu'elle en poſſede la verité. Il va meſme juſques à tomber d'accord de la preſence de Ieſus-Chriſt dans l'Euchariſtie. Et vous-meſmes, Meſſieurs, n'en avez vous pas vſé ainſi dans voſtre Livre de *la Frequente Communion?* Vous y faites paroiſtre tant de zele pour l'honneur du plus auguſte de nos Sacremens, quelque deſſein que vous ayés d'en abolir tout à fait l'uſage. Vous y dites tout ce qu'il vous plaiſt de l'obligation & de la pratique de l'ancienne Penitence publique. En quelques endroits, l'uſage de la Penitence publique eſt *immuable & authoriſé par la doctrine de tous les Peres, par les Canons de tous les Conciles.* En d'autres, *L'Egliſe accorde aux Fidéles vn vſage plus facile & moins ſevere.* Voila le procedé ordinaire des heretiques; vous agiſſez tous de la ſorte, pour avoir toujours par où vous échaper quand on vous preſſe,

& pour

& pour faire entrer vos erreurs plus facilemĕt dans les esprits. Il n'y a que la verité qui plaise sans ornement, sans deguisement & sans fard. L'erreur toute nuë est horrible, il faut luy donner vn masque, & l'orner mesme des couleurs de la verité pour la rendre agreable.

On ne doit pas s'étonner apres cela si dans vostre *lettre de la constance*, ou plustot de la *desobeïssance*, vous semés par tout des maximes & des sentimens evangeliques. La desobeïssance toute pure feroit horreur aux ames simples, vous estes trop habiles pour dire grossierement qu'il faut se soulever contre les puissances, vous le dites finement en donnant à la desobeïssance le nom de fermeté & de magnanimité chrestienne : en disant le pour & le contre en mesme temps, qu'il faut resister genereusement aux ennemis de la foy, qu'il faut souffrir humblement des ennemis de la foy : qu'on doit demeurer ferme dans le combat pour soustenir la cause de l'Eglise, qu'on doit se retirer pour gemir sur la desolation de l'Eglise : que les puissances qui veulent vous obliger à obeïr, sont vos persecuteurs, sont vos bien faicteurs. Vous pensez échapper par là. Mais vous n'échapperez pas, Messieurs ; pour peu qu'on connoisse les artifices des Heretiques, on n'a pas de peine à découvrir les vostres. Vous avez beau prescher la patience, l'humilité, la priere, & la retraitte, on ne vous en croit pas moins rebelles ny moins factieux pour cela. Vous n'estes pas les premiers Heretiques qui ayent donné le nom de persecution à ce qui a esté fait contre eux, & qui ayent fait profession de souffrir pour la defense de leur doctrine. Nous souhaitons, disoit Iulien l'Heretique, que les persecutions qu'on a excitées contre nous cessent bien-tost, mais si cela n'arrive pas nous sommes resolus d'endurer tous les opprobres & tous les supplices imaginables plustost que de suivre les erreurs des Manichéens. Les Papes les plus zelez & les Princes les plus pieux estoient les persecuteurs des Pelagiens comme ils sont les vostres. Les plus saines opinions de la foy estoient parmy eux comme elles sont parmy vous des erreurs abominables. Nos Huguenots ont parlé comme les Heretiques des premiers siecles. Vous avez leu apparemment le Martyrologe des Calvinistes, vous qui avez tant leu Calvin, & vous y avez remarqué sans doute qu'ils comptent entre les persecutions de l'Eglise, les guerres que l'Eglise mesme leur a faites; qu'ils citent les passages des Peres comme vous, pour s'exciter à defendre leur cause, qu'ils appellent la cause de Dieu; qu'ils declarent comme vous, qu'il faut souffrir pour maintenir la verité de l'Euangile. Vous y avez veu vn traité exprés des *afflictions qui adviennent aux fidelles*, dont le second Chapitre à pour titre *quelles choses le fidele doit considerer pour porter la persecution patiemment*. Ce Chapitre est plein de sentimens fort Chrestiens & fort semblables à ceux de la *lettre sur la constance*. En voicy quelques vns que je vous prie de remarquer.

Si c'est honneur à vn Capitaine d'abandonner la vie plustost que de violer la foy qu'il a baillée à son Prince, aussi est-ce à vn homme Chrestien de garder iusques à la fin, celle qu'il a iurée à Iesus-Christ, & de mourir plutost que de commettre ou de souffrir rien qui y deroge.

Anciennement il n'y avoit acte ny vertu qu'on estimast digne de plus grande loüange que la magnanimité & force de ceux qui se presentoient courageusement à la mort, pour defendre les droits & liberté de leur Patrie. Est-il donc possible qu'on puisse assez loüer ceux qui n'espargnent ny bien, ny labeur, ny vie, ny chose generalement qui soit en leur puissance, que tout ne soit entierement, & ioyeusement exposé à ruiner & abattre la tyrannie du diable & de l'Antechrist, qui est la plus cruelle, inique, & insuportable qui fut onques.

Quelle gloire attribuons-nous aux Martyrs? La principale, n'est-ce pas que par patience & confession de leur foy ils ont vaincu le monde & leur propre chair?

C'est vne chose precieuse & honorable, qu'vne bonne & saincte vie: que doit on estimer d'vne mort chrestienne & courageuse, comme est celle de tous Martyrs qui souffrent si ioyeusement la persecution pour le nom de Dieu?

Si l'honneur & gloire de Dieu doivent estre preferés à toutes choses, & mesme à nostre propre salut, & la mort que Iesus-Christ a souffert pour nous sauver, luy a esté plus honnorable qu'autre chose, qu'il eust onques fait: que doit on iuger de celle que nous souffrons pour son honneur, sa parole, & pour maintenir la verité & le service de Dieu en leur entier?

Iugeons donc, comme dit S. Cyprian, si la mort n'est pas honorable & precieuse par laquelle l'immortalité est rachetée & acquise: & si ces prisons, captivitez, bannissemens & autres semblables afflictions ne sont pas hon-

neſtes & heureuſes , par leſquelles nous parvenons au
Royaume de Dieu, & à vne liberté & glorire eternelle.

Tout le reſte eſt de cette force , il n'y a rien de
plus conforme à voſtre *Lettre ſur la conſtance,* que
ce Chapitre de la patience Huguenotte : & ce Gen-
tilhomme Huguenot qui s'eſt imaginé que voſtre
Requeſte eſtoit vne copie de celle de Calvin, ſeroit
homme à ſe mettre en teſte que voſtre Traité *de la
conſtance & du courage qu'il faut avoir pour la verité,*
eſt vn abregé de leur Martyrologe.

Quoy qu'il en ſoit, cette Lettre ſi ſainte & ſi
euangelique, ſelon vous, eſt vne vraye exhortation à la revolte. Car enfin repreſenter les puiſſances
legitimes comme des puiſſances tyranniques, n'eſt-ce
pas inſpirer l'eſprit de deſobeiſſance aux ſujets ? A la
verité les peuples ne ſont jamais en droit de ſe ſou-
lever contre leur Prince : la rebellion eſt de la nature
de ces choſes que nulle raiſon n'autoriſe , que nul
pretexte ne juſtifie : de quelque maniere qu'en vſent
les Roys , ils ſont toujours Roys, ils ſont toujours nos
Souverains & nos Maiſtres : mais on a ſujet de tout
craindre des peuples, quand ils ſont perſuadez que
leur Prince les perſecute, & qu'ils ne doivent non plus
luy obeïr qu'à l'Antechriſt ; eſtant comme ils ſont na-
turellement ſeditieux, & toujours preſts à ſe revolter.
Peut-on les porter plus fortement à la revolte que de
leur dire qu'ils ſont perſecutez ? Peut-on les y exciter
plus artificieuſement, que de les exhorter à ſouffrir la
perſecution ? Apres leur avoir dit qu'ils ſont perſecutez, il eſt inutile de leur dire qu'ils doivent ſouffrir de

leurs perfecuteurs: deux ou trois ames fimples fouf-
friront peut-eftre, mais le refte fe revoltera pour fe
de delivrer de la perfecution. Le peuple eft extreme-
ment jaloux de fa liberté, & furieux dans les affaires
de la Religion. Cette difpofition d'efprit tourne auffi
toft en rebellion, quand il trouve des Chefs qui le
fouftiennent par leur authorité, & des Predicateurs
qui luy font vn crime de l'obeïffance. Apres avoir ex-
cité les peuples à ne fe point foumettre, penfez-vous
les retenir en les priant de fe laiffer egorger? Cela ne
fert qu'à les animer davantage. Vous exhortés les
fidelles à ne point obeïr aux Declarations du Roy,
& vous les exhortez en mefme temps à fouffrir les
injuftices & les violences qu'on leur fait.

Croyez-moy, Meffieurs, il y a danger que voftre
exhortation à la defobeïffance ne faffe plus d'effet
fur eux, que voftre exhortation à la patience. Les
hommes ont plus d'inclination à defobeïr qu'à fouffrir. L'amour propre qui nous porte à la rebellion,
nous donne horreur de la fouffrance. On fe fait mefme aifément vne confcience quand il s'agit de la
Religion, & quelque criminelle que foit la revolte,
on la croit jufte quand on fe perfuade qu'on ne peut
obeïr aux puiffances de la terre fans defobeïr à Dieu.

Apres tout, ces belles maximes de patience n'ont
pas empefché les Huguenots de prendre les armes
quand ils en ont eu l'occafion. Dans le temps que le
feu Roy, de glorieufe memoire, entreprit de les reduire, le Miniftre du Moulin fit vn traité de la patience qu'on doit avoir dans la perfecution, intitulé

Le Combat Chreſtien. Dans ce traité il propoſe à ſes freres en Chriſt, l'exemple des Prophetes, des Apoſtres & des Martyrs, il leur recommande la patience, la douceur, l'humilité & la priere; mais le fruit de ces exhortations chreſtiennes fut, de faire des cabales, de lever des trouppes, de fortifier des places, & d'exciter des troubles dans tout le Royaume.

Ne me dites pas que *le combat où vous eſtes engagés n'eſt pas vn combat charnel & humain, vn combat où les armes des hommes & de la chair ſoient requiſes, mais vn combat celeſte & ſpirituel, où l'on n'a beſoin que des armes du ciel, que des armes de l'eſprit, que des armes de la foy, de l'eſperance & de l'amour.* Les Heretiques les plus ſeditieux ont dit la meſme choſe. Iean Hus eſtant accuſé au Concile de Conſtance *d'avoir conſeillé au peuple qu'a l'exemple de Moyſe il reſiſtaſt par glaive à ceux qui ſeroient contraires à ſa doctrine, reſpondit, que ces choſes luy eſtoient impoſées fauſſement par ſes adverſaires. Au reſte, qu'il avoit diligemment admoneſté le peuple de s'armer du glaive de la parole & du heaume de ſalut, ſelon l'advertiſſement de S. Paul, & que tous eſtant ainſi armez, defendiſſent la verité de l'Evangile, & pour éviter les calomnies, il avoit ouvertement parlé du glaive, non point materiel, mais de celuy qui eſt la parole de Dieu.*

Ces paroles ne laiſſerent pas d'allumer vne ſanglante guerre, qui ne s'eſteignit que vingt ans apres la condamnation de Iean Hus. Les diſciples & les partiſans de cet homme patient, qui aima mieux mourir que d'obeïr à l'Egliſe, firent des rauages eſtranges,

u combat Chre-
tien ou des affli-
tions à Meſſieurs
e l'Egliſe refor-
mée de Paris, par
...erre du Moulin
imprimé à Sedan
an 1622.

Lettre ſur la Conſtance, pag. 26. &
7.

Hiſtoire des
Martyrs perſecu-
tez & mis à mort
pour la verité de
l'Evangile. lib. 2.
pag. 53.

& exercerent des cruautés horribles dans la Boheme. Ils fe répandirent dans la Hongrie, dans l'Au-
ftriche, & dans la Pologne, où ils mirent tout à feu
& à fang, fous la conduite de Ziska, ce fameux re-
belle, qui donna le nom de Thabor à la ville où il
avoit eftabli le fiege de la rebellion, & qui ordonna
en mourant qu'on fit vn tambour de fa peau, afin
qu'il pût encore faire la guerre apres fa mort. Vous
eftes trop verfés dans l'hiftoire Ecclefiaftique, pour
ne fçauoir pas que les principaux d'entre les Huffites
eftoient des Preftres comme vous, & qu'ils s'appel-
loient les Preftres de Thabor, comme vous vous appellés les Preftres de Port-Royal. Ces Preftres de Thabor eftoient comme vous fçauez, felon la defcription Ioannes Przibra-
qu'en à faite vn de leurs chefs, qui les abandonna mus in libro fuæ
à la fin, des gens d'vne humeur violente & feditieufe, professionis & re-
vocationis. *Annal*
mais d'vne mine douce & pacifique. Ils auoient vn *Spond. ad ann.*
grand fonds d'orgueil & de hardieffe fous vn exte- 1419.
rieur humble & modefte. Ils faifoient profeffion
de n'obeir à perfonne, & de s'éleuer au deffus de tout
le monde; l'efprit de domination & d'indépendance
eftoit leur propre caractere. Ils condamnoient info-
lemment les Iuges qui les avoient condamnés; ils
remettoient à toute heure en queftion des affaires
decidées par vne authorité fouueraine; ils fouftenoient
leurs erreurs avec vne opiniaftreté inflexible. En vn
mot, c'eftoient des Ecclefiaftiques profanes, qui faifoient gloire de méprifer toutes les ordonnances de
l'Eglife, & de fouler aux pieds les puiffançes efta-
blies de Dieu.

Voila , Meſſieurs, où l'hereſie meine inſenſible-
ment les peuples. On a beau leur citer des paſſages
des Peres ſur la patience des Martyrs : cela ne les ar-
reſte pas. Ces beaux paſſages ne vous ont pas empeſ-
ché vous-meſmes d'animer le peuple pendant la Fron-
de, de preſter vos plumes aux meſcontens, & d'offrir
de l'argent & des trouppes aux Chefs du party rebel-
le. Ils n'empeſcheront pas auſſi vos Sectateurs de
troubler la tranquillité publique , & de faire peut-
eſtre dans la France ce que les Diſciples de Iean Hus
ont fait dans la Boheme. Il y a aſſez de rapport entre
l'eſprit des Huſſites & celuy des Ianſeniſtes : & je ne
doute pas, Meſſieurs, que ſi on vous avoit laiſſé faire vous n'euſſiez fait avec le temps voſtre *Thabor* de
Port-Royal, quand ce n'euſt eſté que pour verifier la
Prophetie d'vne de vos Religieuſes illuminées , qui
eſtant dans le Monaſtere des Vrſulines de S. De-
nys dît plus d'vne fois. *On verra bien des choſes : la*
revolution ſera grande dans l'Eſtat apres la mort de la
Reine Mere : il y aura bien du ſang reſpandu. A vous
dire la verité, je crois aſſez tout cela. Quand les heretiques ſont foibles, ils font des libelles diffamatoi-
res contre les Puiſſances qui ne leur ſont pas favora-
bles ; mais quand ils ſe ſentent vn peu forts, ils ont
recours aux armes pour ſe venger & pour s'eſtablir.

Il y a bien de l'apparence , qu'apres avoir pu-
blié tant d'eſcrits, ſi injurieux au Pape, aux Eveſques & au Roy, vous pouſſeriez les choſes plus
loin auſſi bien que les Huſſites, ſi vous aviez affaire à vn Empereur Sigiſmond. Mais par la grace de
Dieu

Dieu noſtre grand Monarque n'a pas moins de vigueur pour vous pouſſer, que d'authorité pour vous
abbattre: il ne ſçait ce que c'eſt que d'vſer de con-
deſcendance & de meſnagement quand il s'agit des
intereſts de la foy & de ceux de ſa Couronne.

L'Hiſtoire de ſainct Baſile par où vous finiſſez la
Lettre ſur la conſtance, ne fait que trop voir juſques où
vous pouuez aller. On voit bien à qui vous en vou-
lez, & de qui vous entendez parler ſous le nom d'vn
Empereur impie, que S. Gregoire de Nazianze ap- ὁ χριςομάχος βα-
pelle *l'ennemi de Ieſus-Chriſt, & le tyran de la Foy.* σιλεὺς ἢ τῆς πίςα-
Eſt-ce ainſi, Meſſieurs, que vous reſpectez voſtre τύραννος. Gregur.
Prince? Naz. anz. oral. 20

En quelle conſcience oſez-vous dire qu'entre les
illuſions qui ſont dans ce ſiecle, *il y en a vne qui com-* Pag. 28.
mence à s'eſtablir dans l'eſprit de diverſes perſonnes, ſur
le ſujet de la déference & de l'obeïſſance que l'on doit aux
Superieurs, laquelle peut engager à d'eſtranges égaremens,
à d'épouuentables laſchetez, à des complaiſances fort cri-
minelles? C'eſt donc vne illuſion, vn égarement, vne
laſcheté, & vn crime, que d'obeïr à ſon Prince legi-
time quand il commande, ce que l'Egliſe preſcrit à
tous les fideles?

Mais à quel propos, avez vous adjoûté à *voſtre*
Lettre ſur la conſtance, les ſentimens de Saint Bernard, ſur l'obeïſſance qu'on eſt obligé de rendre
à ſes Superieurs, & ſur le diſcernement qu'on doit
faire de ce qu'ils commandent? Où avez-vous l'eſprit de citer pour vous des maximes qui ſont contre
vous? Voicy comme vous faites parler S. Bernard.

D

Pag. 29.

Il faut observer qu'il y a des choses purement bonnes, & qu'il y en a d'autres qui sont purement mauvaises, & en ces dernieres on ne doit nulle obeïssance aux hommes, parce qu'il est certain qu'il ne faut jamais omettre le bien, mesme lors qu'on le deffend, & qu'il ne faut jamais commettre le mal lors mesme qu'on le commande. Or entre les choses qui sont purement bonnes & celles qui sont purement mauvaises, il y en a de moyennes, qui peuvent estre bonnes ou mauvaises, selon la maniere, le lieu, le temps, les personnes: & la loy de l'obeïssance est attachée à ces choses, comme à l'arbre de la science du bien & du mal qui estoit au milieu du Paradis. Certainement en ces choses il n'est pas permis de preferer nostre sentiment à celuy de nos Superieurs. Dans ces choses il ne faut pas mépriser ny leur commandement, ny leur defense.

Quand vous ne tomberiez pas d'accord que la signature du Formulaire soit vne chose purement bonne, pourriez-vous raisonnablement soustenir, qu'elle est purement mauvaise, apres que M. l'Evesque d'Alet a reconnu devant Dieu, qu'on estoit obligé en conscience de signer? Si elle n'est pas purement mauvaise, elle est de la nature de ces choses *qui peuvent estre bonnes ou mauvaises, selon la maniere, le lieu, le temps, les personnes:* & en ce cas il n'est pas permis, selon S. Bernard, de preferer nostre sentiment propre, au sentiment de nos Superieurs. Cependant vous preferez le vostre à celuy du Pape, du Roy, & de Monseigneur l'Archevesque de Paris: & c'est ce que vous appellez *Magnanimité Chrestienne.* Il n'appartient qu'à d'habiles gens, comme vous, d'accorder l'opiniastre-

té des heretiques avec la conſtance des premiers fideles, la revolte avec le martyre. Il ne vous reſte plus
qu'à faire vne vertu de la deſobeïſſance. Dequoy
n'eſtes-vous point capables: Apres avoir fait vne doctrine ſaine & orthodoxe d'vne doctrine heretique &
condamnée, vous pouvez faire tout ce qu'il vous
plaira.

FIN.

---

*IE viens d'apprendre qu'il paroiſt vn eſcrit fort ample
& plein d'injures contre la Lettre à vn Seigneur de
la Cour, dans lequel vous dites, Meſſieurs, qu'on attend
la Reſponſe de M. l'Archeveſque d'Ambrun, ſur la Lettre qu'on luy a adreſſée pour la juſtification du Traité de
la Conſtance. Vous voila je crois ſatisfaits ſur ce point-
là. Vous le ſerez bien-toſt ſur les autres, ſi l'auteur de la
Lettre qui vous a mis en colere, veut ſe donner la peine
de vous reſpondre.*